I'm Awesome Because

— by Ipsita Paul —

To my two little mixies,
Lalita and **Tobin.**
Thank you for allowing me to experience true **awesomeness** in your presence!

I love being awesome
I love being **mixed.**
It's surely not something
That needs to be fixed!

Some find it confusing
But that **feeling** won't stay.

I look in the mirror
And what do I **see?**
Somebody **awesome**
Looking right back at **me!**

My **eyes**, my hair, and skin
Reveal a **rare** beauty.

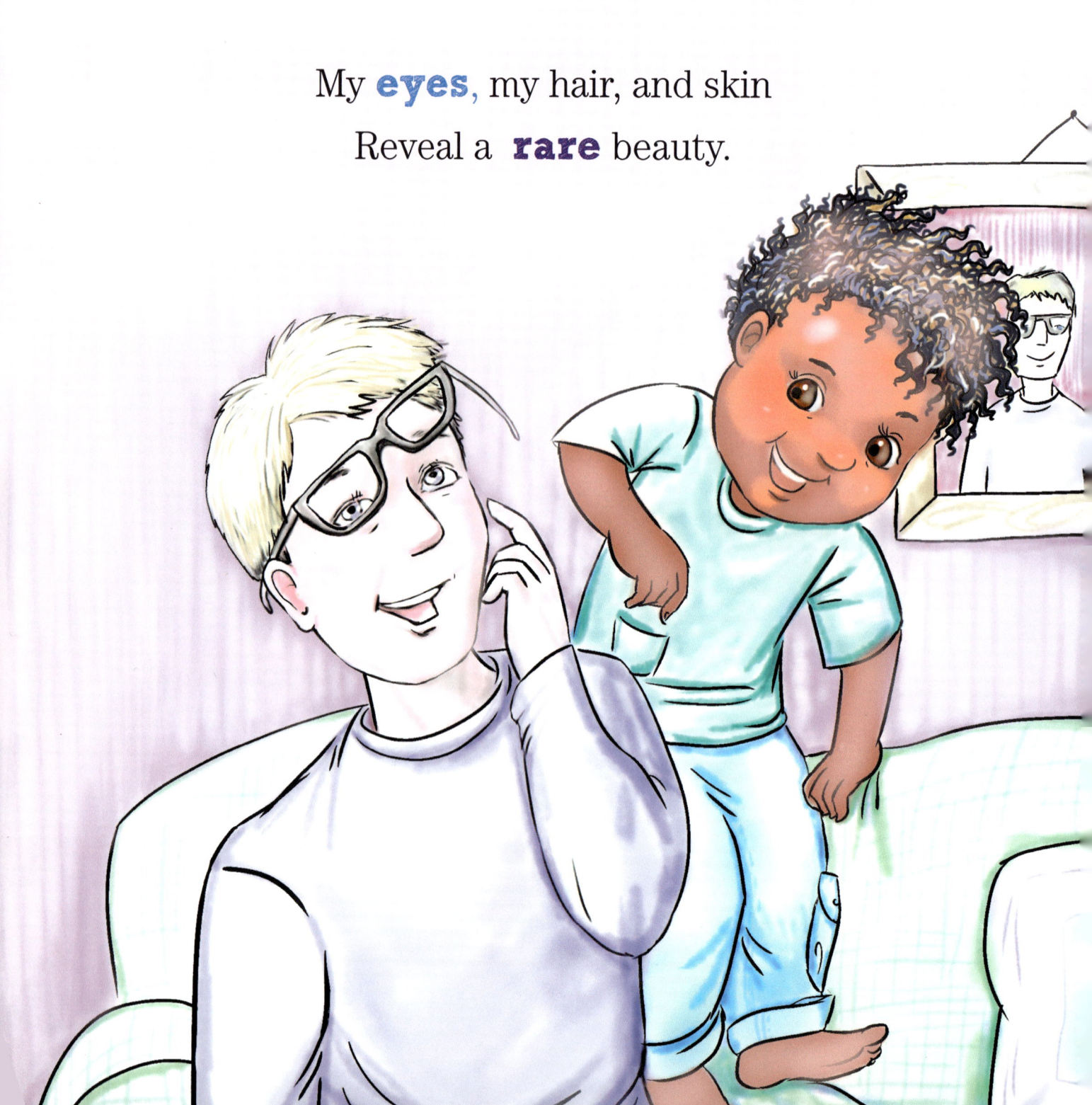

My parents' different **colours**
Create a mixed **family!**

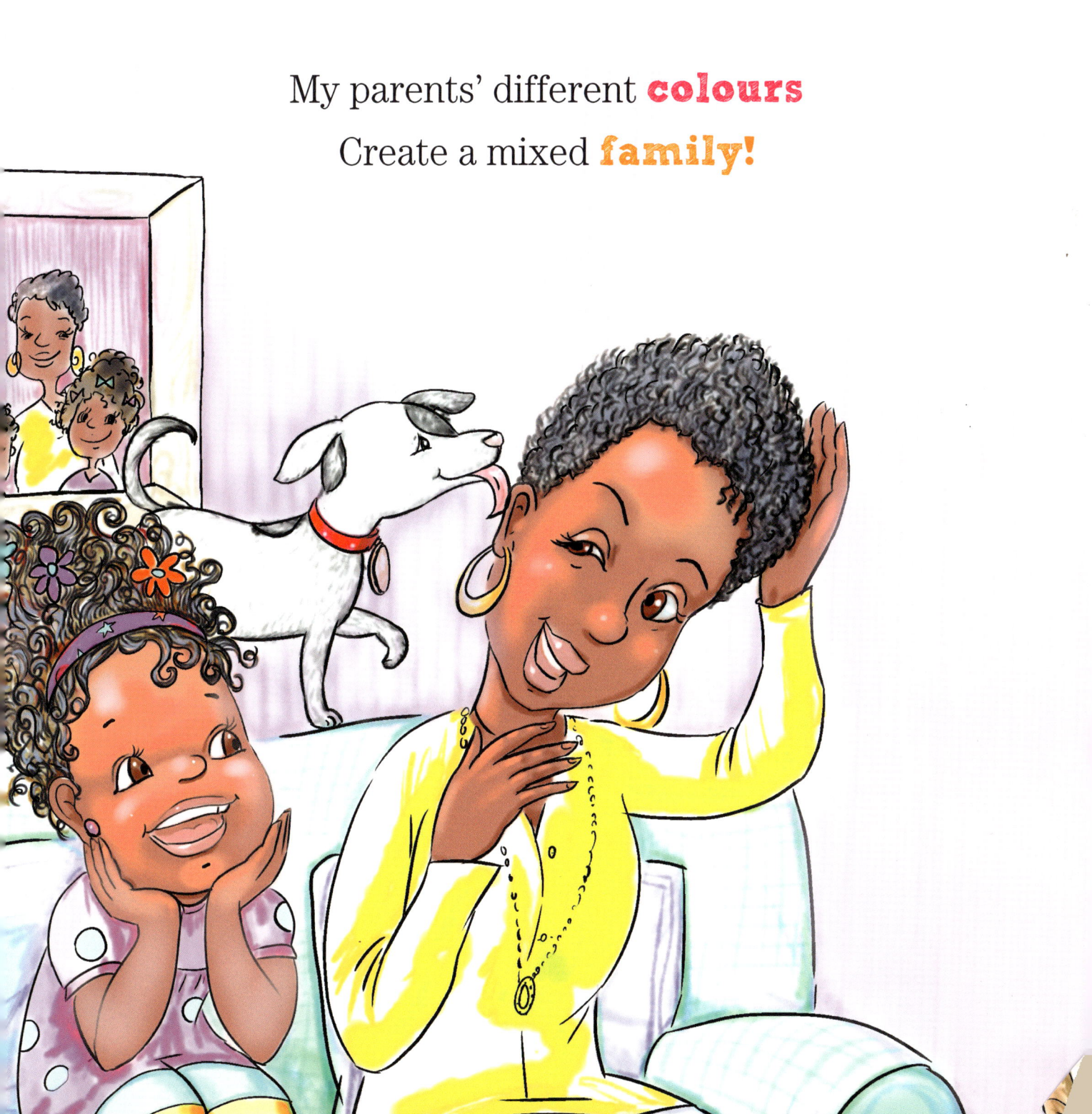

I'm **awesome** because
My skin is like **chocolate,**

It's glowing and **special**
Just like a bright **comet!**

I'm **awesome** because
My **hair** curls like corkscrews,

Bounces like a ball,
And has **quirky** hairdos!

I'm **awesome** because
I am **smart,** yes it's true.

I can do anything
That I put my **mind** to.

I'm **awesome** because

My family's a **rainbow**

Of **beautiful** colours—

And we **love** each other so.

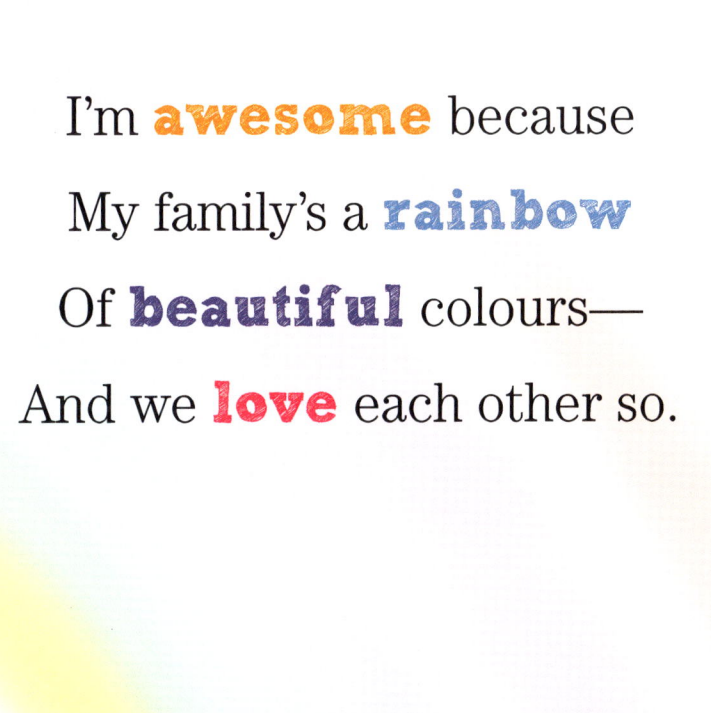

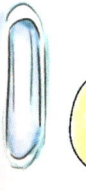

I'm **awesome** because I **learn** many new things.

With two different **cultures**
I'm so thrilled, I could **sing!**

I'm **awesome** because
My **friends** are so great.

Our **differences** are things
We can all **celebrate!**

Despite what some say,
It's a **gift** from above.

Everyone's **awesome**
In their own **unique** way.

I love my mixed **family**
Forever and a day!

Now make an **awesome list** of your very own with your **family!**

Copyright © 2014 by Ipsita Paul

First Edition – June 2014

ISBN

978-1-4602-4461-6 (Hardcover)

978-1-4602-4449-4 (Paperback)

978-1-4602-4450-0 (eBook)

All rights reserved.

No part of this publication may be reproduced in any form, or by any means, electronic or mechanical, including photocopying, recording, or any information browsing, storage, or retrieval system, without permission in writing from the publisher.

Produced by:

FriesenPress

Suite 300 – 852 Fort Street

Victoria, BC, Canada V8W 1H8

www.friesenpress.com

Distributed to the trade by The Ingram Book Company

CPSIA information can be obtained
at www.ICGtesting.com
Printed in the USA
BVIC01n0115080814
361942BV00007B/20